「くりかえし」を楽しむ台所しごと

ブログ「おうち*」主宰
田中千恵

はじめに

言葉にして気持ちを伝えることは、とても難しいです。
でも、おうちのごはんは、家族を想って作ったものばかりなので、
食べるたびに、じんわりと気持ちが伝わるんじゃないかなぁと思うのです。
だから私は、毎日家族にメッセージを送るつもりでごはんを作ります。
土鍋で炊いた真っ白なごはん、色とりどりの野菜、
大きな鍋にたっぷりと作るおかずや具だくさんのお味噌汁、
冷蔵庫に並べた常備菜、ぎゅっと詰めたお弁当、手作りのパンやお菓子。
特別なものはないけれど、どれも家族に喜んでほしくて作ったものばかりです。
ときには「頑張れ」の気持ちを、ときには「おつかれさま」の気持ちを込めて、
台所に立ちながら、そっと家族を想っています。
毎日くりかえし、そんなふうに暮らしていくことが、
私はとてもうれしくてたのしいです。
参考にするというよりも、みなさまが同じような気持ちで、
この本を開いてくださるといいなぁと思っています。

＊我が家の家族構成

我が家はパパ、長男（22 歳）、二男（18 歳）、三男（10 歳）、私の 5 人家族。

父はすぐ裏のアパートに住んでいます。パパは自営業なので土日も仕事。

どこかに出かけるときは、休めるように段取りをつけてもらいます。

京都に住んでいるので、おいしいお店やかわいい雑貨屋さんをまわるのが楽しみです。

毎日くりかえす
台所しごとから
小さなたのしみを
いっぱい見つける

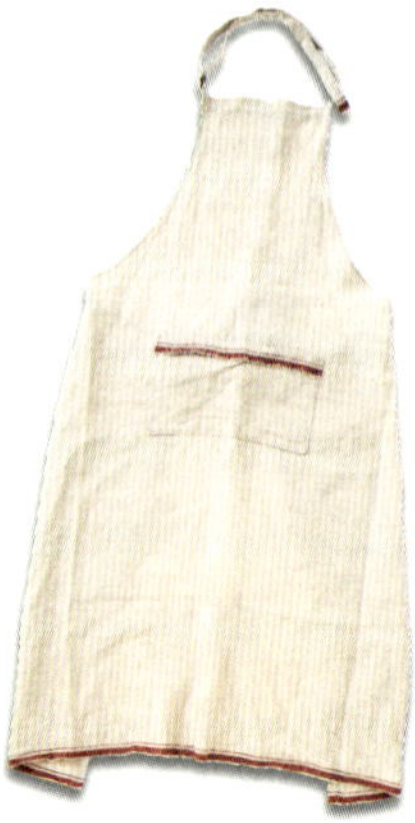

切ったり、焼いたり、混ぜたり
台所しごとが好き

野菜をトントン切ったり、網でじっくり焼いたり、菜箸でやさしく混ぜたり、明日のことを考えたり、家族のことを想ったり、どれもが好きな台所時間。ささやかやけど、毎日くりかえす普通の暮らしが、かけがえのないもの。

プレゼントを選ぶみたいに
子どもたちが喜ぶメニューを考える

鍋いっぱいに作るカレー、たこ焼きパーティー、せいろで蒸し野菜。子どもたちの喜ぶ顔が、なによりもうれしい。プレゼントを贈るような気持ちで、メニューを考えるとたのしくなる。

食べるたのしみがあると 明日が来るのが待ち遠しい

常備菜や佃煮を作ったとき、琺瑯容器や瓶に入れる作業がすごく好き。
食べ方を考えるとさらにワクワク。明日のたのしみがひとつ増える。
ごはんに添えたり、お弁当に詰めたり、家族への小さな贈り物。

パンやお菓子を作った日は うれしいがいっぱい

パンやお菓子を作った日は、時間を上手に使えたようで、なんだかうれしい。
焼けるまで待ってる時間、食べたときにほわっとゆるむ子どもたちの顔。
うれしいことがいっぱいで、特別なことはしなくても、幸せな1日になる。

好きな台所の風景から
元気をもらう

いつも笑顔でいたいけど、疲れているときや、ちょっとしんどい日もある。
土鍋や段付鍋が並ぶコンロ、野菜を並べたざる、カウンターに飾ったお花。
好きなものが並んだ台所を見ると、少し元気をもらえる。

きれいにしておけば
うれしい気持ちで台所に立てる

ピカピカになった台所を見るのは気持ちがいい。
汚れていると気持ちもなんだか沈んでしまうから、
台所に立つのがたのしみになるように、いつもきれいにしておく。

contents

4 おうちごはんの工夫

5 子どもと台所しごと

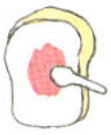

6 うれしい手作りパンとお菓子

7 たのしい器選びと盛りつけ

1

台所しごとに欠かせないもの

常備している調味料、ごはん作りの参考にするもの、
お気に入りのエプロン、愛用している鍋、おいしいお茶など、
台所しごとに欠かせない大切にしているものたち。
野菜はできるだけ長持ちするように、新聞紙に包んでから冷蔵庫へ。
お味噌汁や煮物にすぐ使えるように、ねぎやみょうがを刻んでおく。
そんな小さな工夫をしながら、今日も台所に立っています。

道具ひとつで気持ちが変わる

料理が好きになったのは、結婚したときから。誰かのために何かを作ることは、ずっと自分の喜びです。料理はあまり得意ではなく、手際もいいわけではないけど、「作ること」が好きなんやと思います。暑い日は、体を冷やす働きのあるきゅうりやトマトを使おうかな。寒い日は、おでんや粕汁、具だくさんのスープやお味噌汁を作ろうかな。そんなふうにどんどんイメージがふくらんで、家族の「おいしい」という言葉やうれしそうな顔が、すごくたのしみになってくるんです。

鍋などの台所道具も好きで、三男がお腹に宿り、おうちで過ごす時間が多くなった頃、長く使える道具に興味を持ちはじめました。古道具が好きになって、ざるなどの日本の物にも意識が向くようになり、念願の有次の包丁をはじめて使ったときの喜びは、今でも忘れません。自分の名前が入った包丁を持つのがうれしくてうれしくて、台所に立つのがたのしくなりました。食材と丁寧に向き合うようになったのも、この包丁がきっかけです。

かごを持って お買い物

お買い物は、週に3回くらい。歩いて行ける距離に小さなスーパーがあるから、時間がないときや日持ちしないもんはそこで買い、時間があるときは、車に市場かごをドーンとのせて大きなスーパーや錦市場、デパ地下に行き、3日分くらいをまとめ買いします。野菜は帰ってきたらすぐ、新聞紙に包んだり、保存袋に入れます。そうすると買ったまましまうより、ほんまに長持ちします。ラッピング好きの私にとって、ちょっぴりたのしい作業です。

［野菜の保存］

かぼちゃ

カットしたものは腐りやすい種の部分を取り除き、包んであったラップに戻して野菜室に入れます。丸ごとの場合は冷蔵しなくてよいのでかごに入れます。

レタス

丸ごとの場合は、手で芯をくりぬくと腐りにくいです。保存袋に入れて野菜室に入れます。カットするときも包丁は使わず、手でちぎると変色を防げます。

大根と長ねぎ

大根は葉を切り落とし、葉はゆでて煮物などに。長ねぎは根元を切り落として半分に切ります。それぞれ新聞紙で包み、野菜室へ（ねぎは立てて置く）。

三つ葉

グラスに入れて根元が浸かるくらいたっぷり水を注ぎ、カウンターに飾っています。日持ちもするし、新しい芽が出てきてうれしくなります。水は毎日取り替え、使う分を手でちぎってお味噌汁などに入れます。

我が家で常備しているもの

いつも使っている調味料は、京都のものを中心にそろえています。日持ちする缶詰や乾物、冷凍食品も欠かせません。

酢

京都「村山造酢」の千鳥酢。ツンとこないまろやかでやさしい酸味です。

酒

「盛田」の有機純米料理酒。安心できる有機米100%のものを使います。

みりん

「盛田」の有機みりんタイプを使っています。上品な甘さがあり、まろやか。

しょうゆ

京都「澤井醤油本店」のもの。色をつけたくない煮物は薄口を使います。

練りごま

京都「山田製油」の練りごま。とろりとなめらかで味も香りもよいです。我が家ではお味噌汁に入れています。

オリーブオイル

京都「山中油店」が直輸入、直販しているエキストラヴァージンオリーブオイル。くせがなくてとてもおいしい。

ごま油

京都「山田製油」のごま油は10年以上愛用。香りのよい金のごま油はサラダなどに。無色無臭の太白ごま油はパンやお菓子作りにも。

「くるみの木」の調味料

奈良の「くるみの木」が好きで、お店に行くとお味噌やドレッシング、トマトケチャップなどをよく買います。

［缶詰］

大豆、コーン、ツナはサラダに大活躍。デミグラスソースもあると便利で、ハンバーグやピーマンの肉詰めなどに使います。

［乾物］

干ししいたけ、切り干し大根、芽ひじきは、常備菜作りに欠かせないので切らさないようにしています。味のりはおにぎりに使っています。

［冷凍食品］

うどん好きの家族なので冷凍うどんは常備。パイシートでよくウインナーパイ（p.102）を焼きます。

［その他］

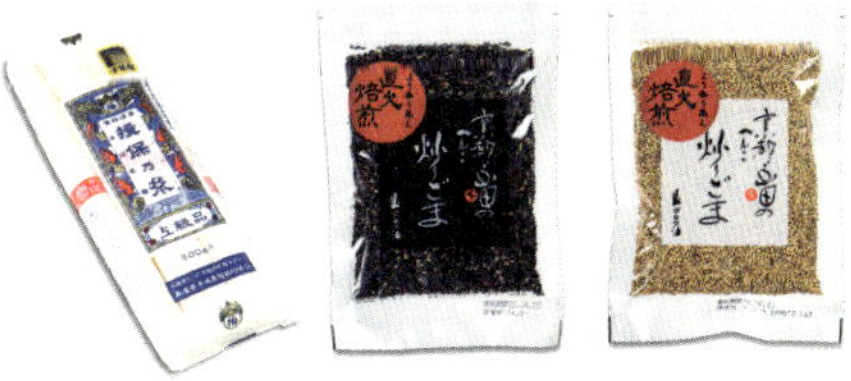

そうめんは季節を問わずに使います。京都「山田製油」のごまは風味がよくて必需品。

ごはん作りの参考にするもの

よく行く大好きな京都のカフェ「branche」や「Cafe Lapin」はランチがとてもおいしくて、素材の合わせ方や盛りつけ、器使いなどの参考にしています。料理本もたくさん持っていますが、よく使う本は台所の棚に置いています。お気に入りのレシピは、切り抜いてファイルに集めています。

気持ちが引き締まるエプロン

エプロンはその日の気分で選びます。赤いライン入りは友人の手作りで一番のお気に入り。大好きな黒のギンガムチェック柄は「fog」のもの。ブルーのストライプは三男にも貸してあげられるかなぁと思って選びました。エプロンの紐をぎゅっと結ぶと、頑張る気持ちが湧いてくるのが不思議です。

料理がおいしくなる鍋

一番古くから使っている鍋は、22㎝の白いル・クルーゼ（2年後くらいに16㎝も買い足しました）。ずっと憧れの鍋やったから、手にしたときの喜びは今でもよく覚えています。シチューやスープを作ったり、冬はストーブにのせたりと使い続け、今年で10年選手。丈夫で頑張り屋さんの鍋です。

40歳を機に和の道具にも興味を持ちはじめ、我が家に段付鍋が仲間入りしました。毎日のお味噌汁や煮物を作るときに活躍する、頼りになる存在です。

シチューやスープに

20cmの茶色のル・クルーゼ。白と茶を料理の色で使い分けます。食卓に鍋ごと出せるのもうれしい。

だしに

有次の21cmの雪平鍋。2リットル分のだしを取るときにちょうどよく、煮物にも使っています。

お味噌汁に

有次の段付鍋。熱伝導率がよく、とにかく軽くて使いやすいです。22cmはお味噌汁に、28cmはカレーや豚汁など、何日か分をたっぷり作るときに使います。

煮物に

三十三間堂の西にある「鍛金工房 WESTSIDE33」の段付鍋2合。小ぶりですが意外に使えて、ちょっと煮物を作るのに重宝します。ころんとした形もかわいい。

「おいしい」のための下ごしらえ

あまり段取り上手ではありませんが、
できる範囲で調理時間を短縮する工夫をしています。
おいしくするためのひと手間は惜しみません。

野菜を同時にゆでる

フライパンに小さなざるを入れ、複数の野菜を一度にゆでます。約１分～１分半でざるを取り出しますが、野菜のかたさによってゆで時間を調整しています。

薬味は刻んでおく

お味噌汁に必要なねぎ、煮物に添える白髪ねぎ、カイワレ、大葉、みょうがなどの薬味は刻んでおきます。容器に入れてストックすればすぐに使えます。

サラダの準備

おいしいシャキシャキのサラダを作るために、サラダスピナーを使って野菜の水気をきります。水分が残っていると、野菜の傷みも早くなってしまいます。

鬼おろしで大根おろし

フライやハンバーグに添えることが多い大根おろし。我が家では鬼おろしを使います。粗めの大根おろしがとてもおいしくて、水分もあまり出ないのです。

すり鉢でごまをする

常備菜を作るときなど、ごまはよく使います。すり鉢で丁寧にすると、おいしいのはもちろん、ごまの香りが広がって少し幸せな気持ちにもなれます。

豆腐の水きり

お味噌汁に豆腐を使うときは、味噌こしにのせて水きりをしています。しっかり水きりをすると白い水が入らず、おいしいお味噌汁ができるように思います。

ごはんのおともはお茶

一息ついたとき、お茶を飲むとホッとしてうれしくなります。そんなお茶を自分ひとりだけ飲むのはもったいなくて、ごはんの時間には緑茶を家族に出しています。食事のとき以外にも、ポットに入れておいたり、魔法瓶に入れてカウンターに置いたり、お茶はいつでもすぐ飲めるようにスタンバイ。

急須や茶こしなど、お茶にまつわる道具も好きで、特に急須はコレクションのように集めていて、どれを使うか選ぶのも、日々のたのしみのひとつです。

お茶のいれ方

お茶は温度や時間に気をつけて最後の一滴まで丁寧にいれています。時間のあるときは、沸騰したお湯を湯のみに注ぎ、器を温めながら80℃まで冷まします。葉の量はきちんと計って急須にセット。湯のみのお湯を急須に移し、揺らさずに1分待ちます。時間がないときは、熱湯をすぐ注いでもおいしい京都「一保堂」のくき煎茶を選びます。

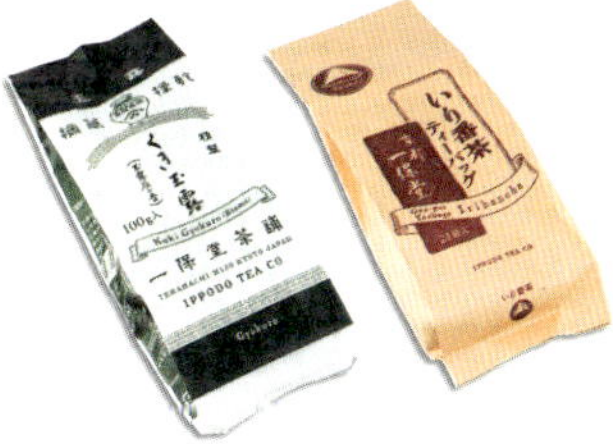

ほんのり甘くてとろ〜りとしたかりがね茶（茎の部分を集めたお茶）が好きで、京都「一保堂」のくき玉露を飲んでいます。番茶は昔ながらの風味の炒り番茶で、急須にちょうどよいサイズのティーバッグを使っています。

冷たいお茶は一晩かけて水出しします。夏は冷たい緑茶や番茶をポットに入れて、いつでも子どもたちが飲めるように冷蔵庫にたっぷり冷やしておきます。

2

常備菜作りと小さなストック

ごはんに1~2品添えたり、お弁当に詰めたり、
とにかく我が家の冷蔵庫には常備菜が欠かせません。
タレや佃煮も手作りして瓶に詰めておくとうれしくなります。
晩ごはんのついでにお弁当のおかずを準備したり、
余ったごはんで焼きおにぎりを作って冷凍しておいたり、
時間のないとき、ちょっとしんどいときに、頼りになる存在です。

作りおきは暮らしのたのしみ

昔は晩ごはんのたびに副菜を1～2品作っていましたが、毎晩あっという間になくなってしまって、子どもたちがよく「もうこれないの？」と言ってくれました。でも「お弁当の分も残しとかなあかんし、もうあかんねん」。こんな会話がたびたびあり、せっかくのうれしい言葉に「もうあかん」って言ってしまうことがすごく残念で、種類と量を増やそうと思ったのが常備菜作りをはじめたきっかけでした。どんな小さな料理でも喜んでくれる家族がいると知ったとき、どんなもんも丁寧に作ろうと心が動いたんです。常備菜は便利なのはもちろんですが、暮らしのたのしみでもあり、買い物に行って食材を選んだり、菜箸を持ってやさしく混ぜたり、野田琺瑯の容器に入れて冷蔵庫に並べたり、どれもがうれしい台所しごとです。

常備菜のほかにもゆでた野菜や、お弁当用のおかず、自家製のタレなど、いろいろなもんをストックしています。忙しいときや疲れた日でも、これがあるから大丈夫、と思えるお守りのようなものです。

いつも冷蔵庫に常備菜

常備菜は週に1回作ります。家族ひとりひとりの好きなもんを必ず1品ずつ作る。これが私の常備菜作りの決めごとです。同じ素材でも味を変えてみんなが飽きひんように工夫しながら、お肉を使ったもんと野菜だけのもんを組み合わせています。常備菜があれば朝はお味噌汁だけ作れば十分やし、夜はメインのおかず以外に何品も用意できて盛りつけもたのしくなります。時間のないときは、ごはんに混ぜたりとアレンジにも使えてとても助かります。

［常備菜の使い方］

副菜に

にんじんのきんぴらは、彩りがよいのでワンプレートやお弁当などに添えると明るくなります。にんじん嫌いの三男もこれなら食べてくれます。

ごはんに混ぜて

れんこんの豚バラ煮をごはんに混ぜて、炊き込みごはん風に。これを丸めておにぎりにすることもあります。

おにぎりに

ひじきの煮物（p.33）を混ぜておにぎりに。ふりかけ代わりにごはんにのせたり、卵焼きに入れることもあります。

我が家で人気の常備菜

我が家でリピート率が高い、
常備菜のレシピを少し紹介します。
どれも4～5日以内に食べきるようにしています。

菜の花のごまあえ

〈材料(作りやすい分量)と作り方〉

1　菜の花1束はさっとゆでて冷水に取り、水気を絞って食べやすい長さに切る。

2　1を万能しょうゆ（p.37）大さじ1と1/2であえ、すった煎りごま（白）大さじ1を混ぜる。

なすのピリ辛煮

〈材料(作りやすい分量)と作り方〉

1　なす5本はへたを切り落とし、乱切りにする。フライパンにごま油大さじ2を熱し、少し焦げ目がつくまで中火で炒める。

2　しょうがのみじん切り小さじ1を加え、香りが出てきたら豆板醤小さじ1を加えてからめる。だし汁200ml、しょうゆ・酒各大さじ2を加え、汁気が少なくなるまで煮る。

こんにゃくのきんぴら

〈材料（作りやすい分量）と作り方〉

1　こんにゃく 1 枚（約 200g）は斜めに切り込みを入れてサイコロ状に切り、10 分ほどゆでる。

2　フライパンにごま油大さじ 1 を熱してこんにゃくをさっと炒め、酒・しょうゆ各大さじ 2、砂糖大さじ 1 を加えて汁気が少なくなるまで炒め煮にし、煎りごま（白）小さじ 1 をからめる。

ひじきの煮物

〈材料（作りやすい分量）と作り方〉

1　芽ひじき 15g は洗って 20 分ほど水に浸けてもどす。こんにゃく 100g は短冊切りにしてさっとゆでる。にんじん 1/2 本は細めの乱切りに、ちくわ 2 本は 3mm 幅に切る。

2　鍋に大豆（水煮缶詰）40g と 1 を入れ、しょうゆ・みりん・酒各大さじ 2、砂糖大さじ 1 を加え、弱火で 10 分ほど煮る。

ごぼうのきんぴら

〈材料（作りやすい分量）と作り方〉

1　ごぼう 400g はよく洗ってささがきにし、水にさらして水気をきる。

2　フライパンにごま油大さじ 1 を熱してごぼうをさっと炒め、しょうゆ大さじ 2、砂糖・みりん各大さじ 1、赤唐辛子の輪切り小さじ 1 を加えて汁気が少なくなるまで炒め煮にする。

こいも煮

〈材料（作りやすい分量）と作り方〉

1　冷凍こいも 1 袋は洗ってぬめりを取り、鍋にだし汁 600ml、薄口しょうゆ大さじ 1、塩少々とともに入れて火にかけ、煮立ったら弱めの中火にして竹串が通るまで 15 ～ 20 分ほど煮る。

2　冷めたら容器に入れ、せん切りにしたゆずの皮少々を散らす。一晩おいて味をしみ込ませる。

小さな鍋で ちょこっと煮物

晩ごはんのとき、あったかい煮物がちょっとでもあるとうれしいかなぁと思って、一番小さな鍋で少しだけ煮物を作る日があります。我が家ではそんな少しの煮物を、「ちょこっと煮物」と呼んでいます。大きな鍋でじっくり作るのもおいしいけど、ちょこっと煮物は材料も少なく、煮る時間も短く済むから、気軽な気持ちで作れるのがよいところ。旬の野菜でアレンジするのもたのしいです。時間をおくと味がしみ込むから、常備菜としてもよく作ります。

切り干し大根の煮物

材料（作りやすい分量）

切り干し大根　100g
にんじん　1/2本
油揚げ　1枚
だし汁　400ml
しょうゆ・みりん　各大さじ1
砂糖　小さじ1

作り方

1　切り干し大根は水に15分ほど浸けてもどし、水気をよく絞って食べやすい長さに切る。にんじんと油揚げは細切りにし、油揚げはさっとゆでる。

2　鍋にすべての材料を入れて中火にかけ、煮汁が少なくなるまで煮る（4～5日以内に食べきる）。

かぼちゃのそぼろ煮

材料（作りやすい分量）

かぼちゃ　1/2個
鶏ひき肉　200g
水　200ml
A ｜薄口しょうゆ　大さじ1と1/2
　｜酒・砂糖　各大さじ1
　｜おろししょうが　小さじ1
片栗粉　大さじ1（水大さじ1で溶く）

作り方

1　鍋に鶏ひき肉とAを入れて火にかけ、肉をほぐしてアクを取る。

2　肉に火が通ったら、一口大に切ったかぼちゃと水を加えてアクを取り、中火で10分ほど煮る。水で溶いた片栗粉をまわし入れ、とろみをつける（4～5日以内に食べきる）。

ごはんのおともと
タレは自家製で

お弁当やごはんのおともに、いつもふりかけや佃煮を1～2品作って冷蔵庫に入れています。だしを取ったあとの昆布やかつお節も、佃煮に使えば無駄が出ません。瓶に詰めておくとうれしくて、家族のみんなのたのしみになってくれていたらいいなぁって思いながら、くりかえし作っています。タレはおばあちゃんがよく手作りしていて、私もはじめました。買えば何でもそろうけど、ひとつでも自家製にするだけで、暮らしに小さなたのしみが増えます。

［ごはんのおとも］

昆布とかつお節の佃煮

〈材料（作りやすい分量）と作り方〉

だしガラ（500～600mlのだしを取ったあとの削り節と花昆布）、しょうゆ・みりん各大さじ1、砂糖・すりごま（白）各小さじ1を鍋に入れ、弱火で汁気がなくなるまで煮る（4～5日以内に食べきる）。※昆布は細くカットしたものを入れてもよい。

のりえのき

〈材料（作りやすい分量）と作り方〉

1　えのきだけ大1袋は根元を切り落として1cm幅に切る。焼きのり（全形）2枚は2cm角に切る。

2　鍋に1としょうゆ大さじ3、みりん大さじ2を入れ、ふたをして中火で3分煮たら、ふたをはずして汁気がほとんどなくなるまで煮る（4～5日以内に食べきる）。

[自家製ダレ]

にんにくしょうがしょうゆ

〈材料（作りやすい分量）と作り方〉

にんにく2片、しょうが40gはみじん切りにし、ボウルに入れる。しょうゆ・オイスターソース各大さじ6、酢大さじ4、砂糖・酒・ごま油各大さじ2を加えて混ぜ、瓶に入れて冷蔵庫で一晩おく（1ヶ月ほど保存可能）。
＊焼き肉やサラダ、冷や奴、お刺身などに。よく混ぜて使います。

みそダレ

〈材料（作りやすい分量）と作り方〉

酒大さじ2、みりん大さじ3を耐熱容器に入れ、電子レンジで15秒ほど加熱してアルコール分をとばし、砂糖大さじ2とみそ大さじ6を加えて溶き混ぜる（冷蔵庫で1ヶ月ほど保存可能）。
＊炒め物、煮付け、冷たいうどん、冷や奴などに。

万能しょうゆ

〈材料（作りやすい分量）と作り方〉

酒・みりん各80mlを耐熱容器に入れ、電子レンジで15秒ほど加熱してアルコール分をとばし、しょうゆ80mlを加えて混ぜる（冷蔵庫で1ヶ月ほど保存可能）。
＊炒め物、煮物などに。

晩ごはんのついでにお弁当のおかず

晩ごはんのおかずを作るときは、お弁当用のおかずも同時に準備するようにしています。夜のうちに下ごしらえを済ませ、翌朝は焼くだけ、揚げるだけ、チンするだけ。そうすると朝のお弁当作りがラクになり、たのしむ余裕が出てきます。唐揚げは多めに揚げ、お弁当の分を保存袋に入れて冷凍。肉巻きは巻く野菜を変えたり、衣をつけたりといろいろアレンジできます。ピーマンの肉詰めなどのたねには、子どもの嫌いなものを細かく刻んで混ぜています。

肉巻き

〈材料と作り方〉

豚肉の薄切り（長めのもの）を広げて細長く切った野菜（オクラ、アスパラ、いんげん、にんじんなど）を巻く。さらに衣をまぶしたフライ用、餃子の皮を巻いたものも作って３種を準備し、保存袋に入れて冷凍。肉巻きは小麦粉を薄くまぶして油を熱したフライパンで焼き、好みの味つけをする。フライ用と餃子の皮を巻いたものは揚げる。

ピーマンの肉詰め

〈材料と作り方〉

ピーマンは縦半分に切り、ワタと種を取り除く（小さいものは上下を切り落とし、横２等分に切る）。肉だね（写真は絹ごし豆腐１丁、芽ひじき大さじ２、鶏ひき肉 500g、玉ねぎのみじん切り 1/2 個分、溶き卵２個分、パン粉大さじ 6、しょうがの絞り汁大さじ 1、塩小さじ 1/2 を混ぜたもの）を作り、ピーマンの中に詰める。油を熱したフライパンで焼く（冷めたら保存袋に入れて冷凍可能）。ケチャップやソースをつけて食べる。

毎日の栄養補給に野菜をストック

家族の健康のため、野菜は欠かせません。
そのまま冷蔵庫に入れるよりも、
調理してからストックすれば、すぐに使えて便利です。

ゆで野菜

アスパラやオクラ、ブロッコリーやカリフラワーなどの野菜はゆでておき、保存容器に入れてたっぷりストックします（プチトマトはへたを取り、いっしょに冷やす）。サラダにしたり、スープに入れたり、そのままおやつ代わりにパクッと食べたりします。

せん切りキャベツ

揚げ物に添えたり、サラダにしたりとよく使うので、買ってきたらすぐせん切りにして容器に入れ、冷蔵庫に入れておきます。大量に作るときはピーラーが便利です。使うときは水にさらし、水気をよくきります。蒸しても甘くておいしいです。

おひたし

暑い季節になると野菜のおひたしをよく作ります。おひたしと言えば、ほうれん草や小松菜などの葉ものが定番ですが、どんな野菜もよく合います。

ひたし汁（作りやすい分量）

だし汁400ml　みりん大さじ3
薄口しょうゆ大さじ2

さつまいもとオクラのおひたし

〈材料（作りやすい分量）と作り方〉

1　さつまいも中1本は輪切りにし、すぐに水にさらしてアク抜きをする。鍋にひたし汁を入れて火にかけ、煮立ったらさつまいもを加えて柔らかくなるまで煮る。冷めたら汁ごと容器に入れる。

2　オクラ2袋はへたとガクを切り取り、表面を塩でこすってからさっとゆで、冷水に取る。冷めたら1の中に入れ、冷蔵庫でよく冷やす（4～5日以内に食べきる）。

焼きなすのおひたし

〈材料（作りやすい分量）と作り方〉

なす6本はガクのまわりに切り込みを入れ、網で皮が黒くなるまで焼く。熱いうちに手早く皮をむき、容器に入れてひたし汁を加え、冷蔵庫でよく冷やす（4～5日以内に食べきる）。

コールスロー（作りやすい分量）

キャベツ1/2個と紫キャベツ少々、にんじん1/2本はせん切りにし、塩小さじ2を加えて混ぜ、しんなりするまで30分ほどおく。水気をしっかり絞ってボウルに入れ、小さく切ったハム2パック（8枚）とサラダ油・白ワインビネガー各大さじ1、マヨネーズ大さじ3、砂糖小さじ1を混ぜ、塩・こしょう各少々で味を調える（3日以内に食べきる）。

野菜スティック

大根、にんじん、きゅうり各適量は細長く切る。アスパラ適量は根元2cmほどを切り落とし、水1リットルを沸かして塩小さじ2を加え、1分半ほどゆでて（はかまは筋っぽいのでゆで上がったらすぐに取り除く）冷水で冷やす（当日食べきる）。

余ったごはんで焼きおにぎり

朝、土鍋でごはんを炊くと、必ずごはんが余ります。そんな余りごはんを使って、ときどき焼きおにぎりを作ります。冷凍しておくとちょっとお腹が空いたときなどに便利で、子どもたちも喜んで食べています。この焼きおにぎりをお茶漬けにして食べるのが、私のお昼ごはんのたのしみなんです。

焼きおにぎりの作り方

フライパンに薄くサラダ油を熱しておにぎりを並べ、弱火で両面を焼く。パリッとしてきたら、刷毛で両面に万能しょうゆ（p.37）を塗る。両面をさっと焼き（焦げやすいので注意）、網などにのせて冷ます。保存袋に入れて冷凍。食べるときは電子レンジで温めるかせいろで蒸す。

よく作るのがタコライス。さっとごはんを炒め、冷蔵庫にある野菜と目玉焼きをのせて食べるのが定番。休日のお昼ごはんに出すと子どもたちが喜びます。

無印良品のレトルト食品。かしわめしは土鍋で炊きます。そのまま食べるとおかずが必要になりますが、卵で巻いてケチャップをかければ和風オムライスに。

困ったときはレトルト食品

疲れたときや時間がない日は、無理はせずにレトルト食品に頼ります。そのまま使うのではなく、少し野菜を添えたり、卵を加えたりすると、レトルトでもちゃんと料理をしたみたいな感じになります。無印良品のものは種類も多くておいしいので、行ったときは忘れずに買いだめしておきます。

3

台所の収納とお掃除

台所に立つのがうれしくなるように、
物は使いやすい場所にしまい、いつも清潔な状態にしています。
決して広くはないので、ざるをフックにかけて吊るしたり、
よく使う調理道具をコンロの近くに立てて置いたり、
限られたスペースを工夫しながら使っています。
汚れたらさっとひとふき。小まめにやればお掃除も苦になりません。

自分だけでなく、家族が使いやすい台所

子どもの頃によく見ていた母の台所のように、道具が身近に感じられるような台所が理想で、1日の大半を過ごす場所やから、毎日うれしい気持ちで立てるように、いろいろな工夫をしています。そして台所は私だけのものではないから、家族のみんなにとっても使いやすくてわかりやすい、どんどん入りやすい場所にしてあげたいなぁと思っています。すっきりとしまうだけではなく、立てかける、吊るす、かごに入れる、カウンターに並べる。そうやっていろいろな空間を使いながら、みんなの目につくところに出しっぱなしにすることで、子どもたちもお手伝いがしやすくなるように思います。

物が外に出ているからこそ気をつけているのは、清潔を保つこと。気がついたらすぐ、何かのついでにちょこっと、毎日少しずつお掃除をすることを心がけています。お掃除でも料理でも、時間がないからこそ小まめにすることで、かえって短時間で済むから、面倒くさい気持ちがなくなり、肩の力を抜いてたのしむことができます。

台所の間取り

細長い空間です。流しやコンロを背に食器棚があり、オーブン２台、炊飯器、米びつ、トレイなどを置くスペースもあります。冷蔵庫は食器棚の脇に置いています。

かごにしまう、引き出しにしまう

かごはちょっとした収納に便利です。
引き出しの中は用途別にまとめると、
どこに何があるか把握できるので使いやすいです。

コップをカウンターに（写真①）

子どもたちが取り出しやすいように、コップを青森の小判型の椀かごに入れてカウンターに。季節感が出るように夏はグラス、冬は陶器のものを入れています。

大事な器など（写真②）

とくに大事にしている作家さんの湯のみや茶こしは、割れたら困るのでふたつきのかごにしまっています。大分県の真竹で作られた角物です。

市場かごに野菜

冷蔵庫に入れなくてもよい根菜などは、小さな市場かごに入れて冷蔵庫のそばに置いています。かごに入れておくと、芽が出そうなものも見つけやすいです。

調理道具と洋の道具（写真⑤）

コンロの下の小さい引き出しには、ボウルやざる、サラダスピナーなどの調理道具を収納。ル・クルーゼの鍋やミルクパンなど洋の道具も入れています。

和の道具（写真③）

流しの下の大きい引き出しには、段付鍋や雪平鍋、丼鍋、せいろ、フライパンなど和のものをまとめています。詰め込みすぎず、同じ鍋は重ねて置きます。

お掃除用品（写真④）

食洗機は使わないので、収納場所として活用しています。ゴミ袋や保存袋、スポンジやたわし、洗剤、漂白剤など主にお掃除に関するものをまとめています。

よく使うものは外に出しっぱなし

吊るしたり、立てかけたり、よく使う道具は料理がしやすいように、外に出しっぱなしにしています。

コンロまわり（写真①）

壁に吸盤つきの棒をつけ、計量カップなどをぶら下げました。よく使う卵焼き器や網は立てて置き、大きなざるはマグネットのフックに直接かけています。

お箸とカトラリー

お箸、カトラリー、木のカトラリーに分けて容器に入れ、カウンター付近に置いています。ごはんのときに子どもたちが出してテーブルに並べます。

ざる（写真②）

換気扇の脇にマグネットのフックを貼りつけ、ざるにひもをつけてぶら下げています。調理中に取りやすく、洗ったあともしっかりと乾かすことができます。

お盆やトレイ

お盆やトレイは、小さな本立てを使って立てて収納し、取り出しやすくしています。麺棒やラップ、ペーパーなどの長いものは細長いかごに入れています。

調味料（写真③）

よく使う調味料をコンロ付近に。上白糖、グラニュー糖、きび糖を入れた透明の容器は計量スプーンが外にセットできて便利。油がとんだら小まめにふきます。

食器棚は詰めすぎない

食器棚は子どもたちが出し入れしやすいように、詰めすぎないようにしています。大皿、中皿、小皿、お茶碗やマグカップなど用途別に分けて、あんまり使わへんもんは奥へ、よく使うもんは手前にします。上の方の届かへん場所は、背の高いお兄ちゃんたちを頼ってコミュニケーションを取ります。

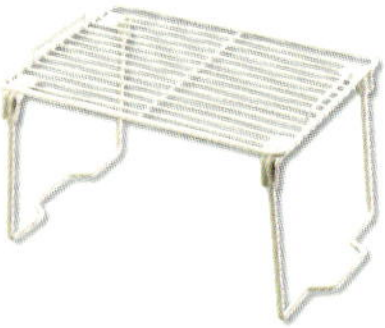

食器の収納に便利なのが100円均一のコの字ラック。ラックにお皿をのせて余った空間を有効に使います。

大きなお皿や丼鉢

食器棚の右側は主に大きなお皿や丼鉢などを収納しています。大きな器はあまり重ねられないのでコの字ラックが活躍。上の空間も無駄になりません。

お茶碗や小皿など

食器棚の左側は主にお茶碗、小皿、中皿、急須やマグカップなどを収納しています。お茶碗は逆さまにして重ね、よく使う急須などは手前に並べています。

すっきり見える冷蔵庫の収納

食材は「腐らせない、使いきる」を心がけているので、冷蔵庫は何があるかわかりやすいようにしています。そしてすっきり見えるように、パッケージもんは下の引き出しにまとめてしまいます。子どもたちが食べたり飲んだりするものは、一番手が届きやすい下の段に置いています。

野菜室の野菜。浅い引き出しには並べて、深い引き出しには立てて置き、一目で探しやすいようにします。

洗い物やお掃除に たわしが大活躍

洗い物や水まわりのお掃除に、たわしを使っています。ほどよく水を含んでくれて、ゴシゴシ洗えるところが好きです。使ったあとの水きれもよくて、ぶら下げておくとすぐに乾くから、使いやすいなぁって思います。

　たわしで洗うもんは、ざる、まな板、せいろ、曲げわっぱなど洗剤を使いたくない木のもんや竹のもん、そしてフライパンや鍋、シンクなどです。たわしは小さめのもんが持ちやすく、使う場所に合わせて種類を変えています。

シンク

いつもきれいにしておきたいので、洗い物が終わったら必ず洗います。力は入れず、やさしくこすります。まめに洗うので石鹼もほとんど使いません。

フライパン、鍋

鉄のフライパンは洗剤を使わず、汚れが落ちるまでしっかり磨きます。スティック状の「かるかやたわし」はフライパンの焦げつきをしっかり落とせます。

鍋の汚れを落とすのに便利なかるかやたわし（左）。丸い形が持ちやすいシュロのたわし（中）はお掃除用に使用。亀の子たわし（右）はまな板やお弁当箱、ざるなどを洗うときに使います。

時間がないときの ちょこっとお掃除

ちゃんとお掃除をする時間はなくても、
毎日ちょっとずつなら気楽にできます。
小まめにお掃除をすれば、汚れもたまりません。

コンロは小まめにふく

コンロまわりは、汚れたらすぐにふきんでふきます。放っておくと汚れがこびりついて大変なことになり、お掃除に時間がかかってしまうので、小まめにふくのが一番です。

換気扇をひとふき

換気扇のフードは、使ったらさっとひとふきしています。毎日ふいていると油汚れもつかないし、臭いも気になりません。大掃除もしなくて済むので気持ちがラクになります。

排水溝の漂白

排水溝のまわりは臭いが気になるのでいつも清潔にしておきたい場所です。漂白剤をかけてしばらく放置するだけであっという間にきれいになります。

掃除機をかける

普段のお掃除はほうき派の私ですが、台所はなるべくほこりが立たないようにしたいので、掃除機を使います。コードレスだと、気がついたときにさっと使えるのでとても便利です。

［愛用しているお掃除グッズ］

スポンジ

食器洗いに白いスポンジを使っています。白はなかなか売っていないので、見つけたときに買いだめして1ヶ月に1回、新しくします。

ボンスター

特殊な網をたわし状に加工した「ボンスター」。包丁のサビや汚れがよく落ちるので、困ったときはこれを使います。

ふきん

びわこふきんはふきんとして使う以外にも、デコボコしたガラ紡糸が汚れを取り込み、洗剤なしで食器が洗えるすぐれものです。

時間があるときのしっかりお掃除

週末など時間があるときは、
気になっていた汚れのお掃除や漂白をします。
きれいになった台所を見ると気分もすっきりします。

コンロの五徳の漂白

濡らしたキッチンペーパーを破れないようにコンロの五徳にかぶせ、漂白剤をたっぷりしみ込ませて一晩おき、朝になったらペーパーをはずしてゆすぎます。

鍋の油汚れを落とす

たわしで取れない鍋の油汚れなどは、ホームセンターに売っている耐水ペーパーが便利。小さく切って汚れの部分をきれいになるまで丁寧にこすります。

［愛用しているお掃除グッズ］

耐水ペーパー

耐水ペーパーは600～2000番を使っています。数字が低い方が目が粗いです。鍋底の汚れや包丁のサビなど頑固な汚れも落ちます。

柄つきブラシ

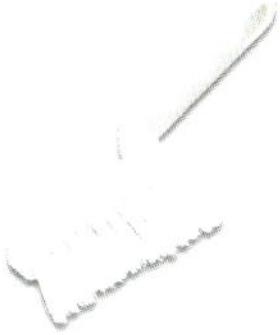

無印良品の柄つきブラシは、毛が斜めにカットされているのでフィットし、汚れもよく落ちます。お風呂や洗面台にも使っています。

水まわりを磨く

水栓金具は、時間があるときは洗剤を使い、無印良品のブラシで念入りに磨きます。水でゆすぎ、最後に水分をふき取ればピカピカに。

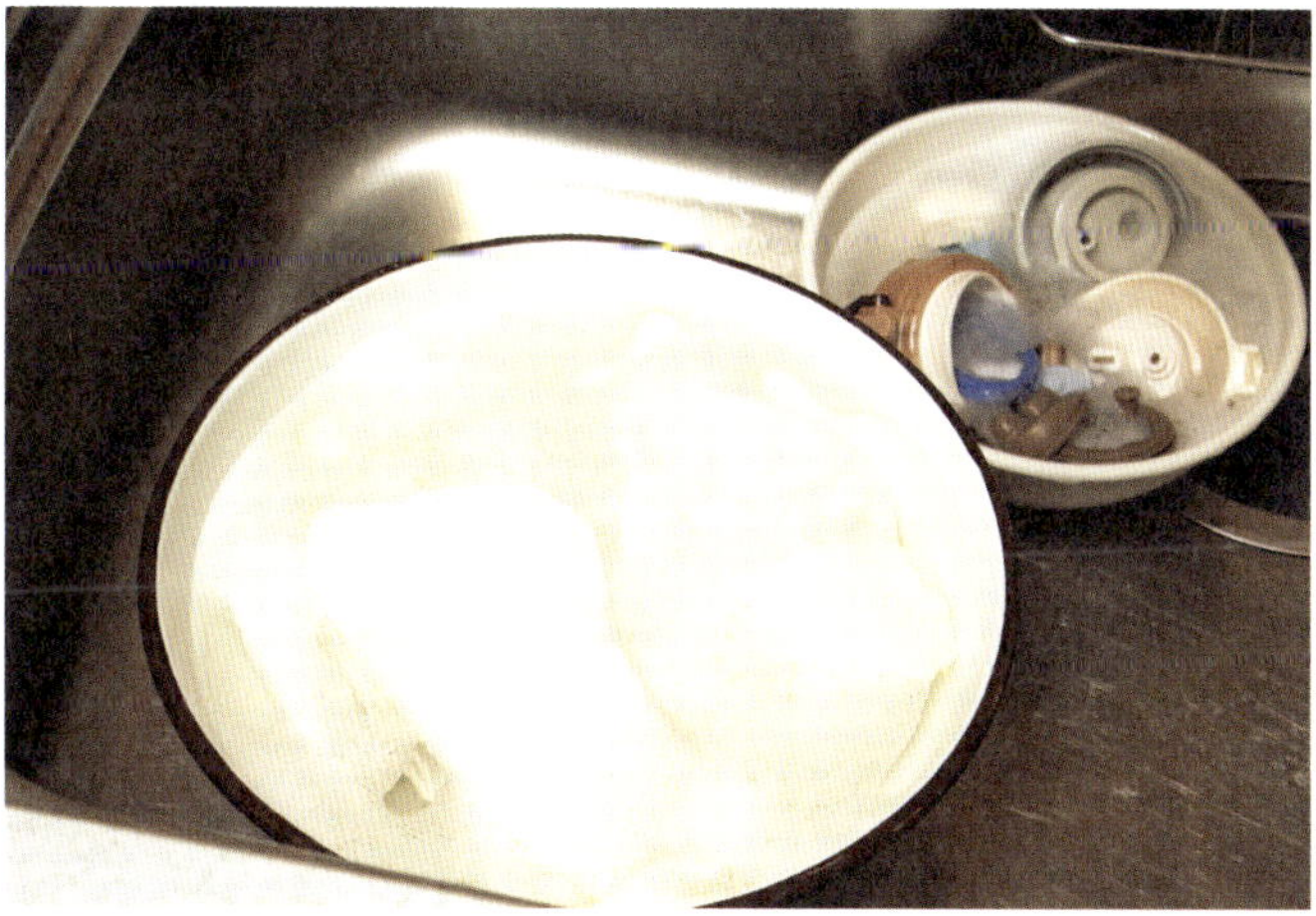

ふきんの漂白

週末は普段使うふきんを漂白します。真っ白になったふきんは気持ちがいいです。いっしょに子どもたちの水筒のふたも漂白して浸けおきし、茶しぶを取ります。

4

おうちごはんの工夫

家族が喜んでくれるメニューを考えるのが、毎日のたのしみです。
朝は土鍋でごはんを炊き、作りたてのお味噌汁を出します。
お昼のひとりごはんは常備菜や残り物で簡単に済ませ、
夜はボリューム満点のおかずを作り、お味噌汁は朝のものに具を加えます。
大きな鍋でたっぷり作った料理は、味や素材を変えてリメイク。
ツルツルとのど越しのよいうどんや、せいろ蒸しも家族に人気です。

子どもの好き嫌いは混ぜる工夫で克服

毎日のごはんは、栄養のことよりも、まずみんなに喜んでもらいたいという気持ちの方が大きいかもしれません。お弁当のふたを開けたときのように、食卓に並ぶごはんを見て、「これ好き」「おいしそう」と思ってもらえるように、好きなもんを作ってあげます。次に「これ嫌いやけど頑張って食べてみようかなぁ」と思えるもんを作ること。二男と三男の好き嫌いが多かったので、嫌いなもんは細かく刻んでハンバーグなどの肉だねに混ぜたり、好きなもんと混ぜたりと、とにかく混ぜる工夫をしました。それでも食べてくれへんときは、「お母さんこれ一生懸命作ったから、食べてくれたらうれしいな」。そんなふうに言うと、子どもたちも頑張って食べてくれたりしました。ごはんを無理やり食べさせるのはすごく嫌やから、あかんときは、また別の方法をいろいろ考えます。そうしているうちに、そんなごはん作りも、日々のたのしみになりました。今では二男の好き嫌いもほとんどなくなり、あとは三男だけです。混ぜる工夫のごはん作りは、まだしばらく続きそうです。

我が家の1週間の献立

我が家のある1週間のごはんをご紹介します。
慌ただしい平日は常備菜が頼りになります。
休日は少し頑張ってうれしくなる食卓にします。

月曜日

母から明太子をもらったので、昼も夜も使いました。パスタは子どもたちに人気なので、明太子をたっぷり入れてからめました。

おにぎり／豚汁／白菜とツナとしめじの炊いたん／菜の花のごまあえ（p.32 常備菜）／にんじんのきんぴら（常備菜）／ハムの卵焼き（お弁当の余り）

焼きおにぎり（p.42）の明太子茶漬け

明太子のパスタ／サラダ

火曜日

この日は常備菜作りをしたので、ごはんにもパンにも常備菜を使いました。トーストにのせたれんこんの豚バラ煮は我が家の人気メニューです。

ごはん／しめじとえのきのお味噌汁／れんこんの豚バラ煮（常備菜）／オクラ納豆／トマト

れんこんの豚バラ煮（常備菜）のピザトースト／しゃけとのりのマヨトースト／お味噌汁（朝と同じ）／水菜とトマト

ごはん／厚揚げのもやし炒め／ひじきの煮物（p.33 常備菜）／かぼちゃの煮物（常備菜）／お味噌汁（朝のお味噌汁に麩を足したもの）

水曜日

買いだめしていた豆腐を使いきるため、豆腐ハンバーグを作りました。中に常備菜のひじきも入れて和風の味つけにしました。

ごはん／ひじきの煮物（p.33 常備菜）／卵焼き／サラダ／わかめと三つ葉のお吸い物

ごはん／こいも煮（p.33 常備菜）／なすのピリ辛煮（p.32 常備菜）／鶏とこかぶ（p.70）／冷や奴

16 穀米／きのこの和風豆腐ハンバーグ／こいも煮（p.33 常備菜）／ほうれん草のおひたし／かぼちゃのお味噌汁

木曜日

パパが休みやったのでお昼は2人で。夜は昨日の豆腐ハンバーグのたねを使って餃子。お味噌汁のつくねもハンバーグのついでに作ったものです。

16 穀米／こかぶとエリンギのお味噌汁／なす、オクラ、さつまいものおひたし（p.41）／プチトマト／ぬか漬け

16 穀米／あおさのお味噌汁／温野菜

ごはん／つくねとえのきのお味噌汁／餃子（前日の豆腐ハンバーグの肉だねを使用）／サラダ

金曜日

明太子のピザは市販のもので、最近はまっています。きれいなぶりを見つけたので、夜はみんなが好きな照り焼きにしました。

16 穀米のおにぎり／豆腐とオクラと長ねぎのお味噌汁／こいも煮（p.33 常備菜）／ひじきの煮物（p.33 常備菜）／ゆでブロッコリー

明太子ピザ／お味噌汁（朝と同じ）／コーンサラダ／ゆでブロッコリー（朝と同じ）

ごはん／お味噌汁（朝のお味噌汁に根菜を足したもの）／ぶりの照り焼き／菜の花のおひたし／プチトマト

土曜日

休日のお昼はうれしい食卓にしたいので、パンを焼きました。スライスしたカンパーニュに、ベーコンエッグをのせて食べました。

16 穀米／豆腐としめじのお味噌汁／焼きなす／サラダ

くるみのカンパーニュ／ベーコンエッグ／サラダ／野菜ジュース

ごはん／あおさとにんじんと小松菜のお味噌汁／ちくわと大根の炊いたん／こいも煮(p.33 常備菜)／ひじきの煮物(p.33 常備菜)／れんこんの豚バラ煮（常備菜）／サラダ

日曜日

この日は子どもといっしょに3種類のパンを作りました。お昼はサラダをはさんでサンドイッチに。スープといっしょに食べました。

ごはん／こいものそぼろ煮／納豆／具だくさんのお味噌汁

パン／ミネストローネ／ポテトサラダ／パスタサラダ

から揚げ（作りおきしたものを使用）の卵丼／オクラと豆腐のお味噌汁／サラダ

朝は炊きたてのごはんといっしょに

ごはんは炊きたてが一番おいしいと思うから、我が家では朝から土鍋でごはんを炊きます。おいしいごはんを食べて、一日を頑張ってほしい。いつもそう思いながら、土鍋でごはんを炊くことが、たのしみのひとつになっています。

なぜ土鍋を使うことにこだわるかというと、土鍋で炊いたごはんは、ほんまにおいしすぎるから。冷めてもおいしいから、お弁当やおにぎりにも向いてるし、じつは炊飯器を使うより短時間で炊けるのも土鍋のいいところです。

土鍋ごはんの炊き方

米ははじめに水でぬらし、こするように洗い、きれいな水になるまでゆすぐ。土鍋に米と水を入れ（5合の米に対して1リットルの水）、ふた（あれば中ぶたも）をして中火にかける。ふたの穴から蒸気が出てきたら弱火にして2分ほど炊き、火を止め、20分ほど蒸らす（土鍋は長谷園の「かまどさん」を使用）。

我が家の定番おかず ベスト3

我が家でよく作る定番のおかずから、煮物、炒め物、揚げ物で1品ずつ選びました。材料や味つけを変えてアレンジもたのしめます。

鶏大根

材料（3人分）

鶏もも肉　2枚
干ししいたけ　5枚
大根　1/2本
サラダ油　小さじ1
A｜だし汁　600ml
　｜薄口しょうゆ　大さじ1
　｜しょうゆ　大さじ2
　｜酒　大さじ2
　｜みりん　大さじ2
　｜砂糖　大さじ1
片栗粉　大さじ1
（水大さじ1で溶く）

作り方

1　鶏肉は食べやすい大きさに切り、塩少々（分量外）をふる。干ししいたけはもどして石づきを取り、4等分のそぎ切りにする。大根は皮をむいて約2cm厚さの半月切りにし、下ゆでする。

2　深めのフライパンにサラダ油を熱し、鶏肉の表面を少し焼く。Aとしいたけ、大根を加え、煮立ったらアクを取り、ふたをして弱火で10分ほど煮る。水で溶いた片栗粉をまわし入れ、とろみをつける。皿に盛り、お好みで刻みねぎを散らす。

アレンジ

鶏とこかぶ

大根をこかぶに替え、お好みで刻みねぎや白髪ねぎ、ゆずの皮などをのせます。

とんかつのねぎソース

材料（2人分）
豚ロース（とんかつ用）2枚　卵1個　小麦粉・パン粉各適量　塩・こしょう各少々　揚げ油適量　ねぎソース（下記）適量

作り方
1　豚肉は筋のあるところに数ヶ所切り込みを入れ、肉たたきでたたいてのばす。
2　塩、こしょうをふり、小麦粉、溶き卵、パン粉の順に全体にまぶして衣をつける。
3　170℃の油できつね色になるまで揚げ、皿に盛ってねぎソースをのせる。

◎ねぎソースの材料（作りやすい分量）と作り方
長ねぎ5本は細かく刻み、サラダ油大さじ1、赤唐辛子の輪切り1本分、万能しょうゆ（p.37）大さじ2と混ぜ合わせる。

アレンジ

揚げ鶏のねぎソース

鶏もも肉2枚にしょうゆ・酒各大さじ1をからめ、片栗粉適量をまぶして180℃の油でカリッと揚げ、ねぎソースをかけます。

牛肉の野菜炒め

材料（3人分）
牛薄切り肉300g　卵3個　キャベツ1/4個　にんじん1/4本　しめじ1/2パック　細もやし2袋　塩・こしょう各少々　A〈しょうゆ大さじ3　みりん大さじ2　砂糖大さじ1〉　ごま油大さじ1

作り方
1　フライパンにごま油を熱し、牛肉を炒めて塩、こしょうをふる。
2　卵を溶いて加え、食べやすい大きさに切ったキャベツ、細切りにしたにんじん、しめじ、もやしの順に加えて炒め、塩、こしょうをふる。
3　火を止めてAをまわし入れ、再び火をつけて軽く炒める。

アレンジ

豚肉のキムチ炒め

牛肉を豚肉に替え、もやしは太もやしに。ニラ1束とお好みの量のキムチを加えます。

だしは一番だしと二番だしを作る

だしを取るのは手間もかかるし大変やけど、おいしい煮物やお味噌汁を作るには、だしを取るのが一番やと母が教えてくれました。だから私もなるべくだしを取り、一番だしと二番だしを作ることにしています。一番だしは煮物や炊き込みごはんに、二番だしはお味噌汁に使います。だしを取り終えた昆布とかつお節は、佃煮（p.36）にすれば、最後まで無駄なく食べきることができます。今ではだしを取ることも大切な台所しごとです。

だしの取り方

材料（2リットル分）
昆布水
- 水　2リットル
- 昆布　20g

削り節　40g

［一番だし］

1　昆布を一晩水に浸けた昆布水を鍋に入れて火にかけ、プツプツと泡が立ってきたら昆布を取り出す。

2　削り節を加え、グラグラと沸いたら火を止める。

3　ボウルにざるをセットしてこす。

［二番だし］

1　一番だしで使った昆布と削り節を鍋にもどし、水2リットル（分量外）を加える。

2　沸騰したら削り節3gほど（分量外）を加え、弱火で2分ほど煮てアクを取る。

3　火を止め、ボウルにざるをセットしてこす。

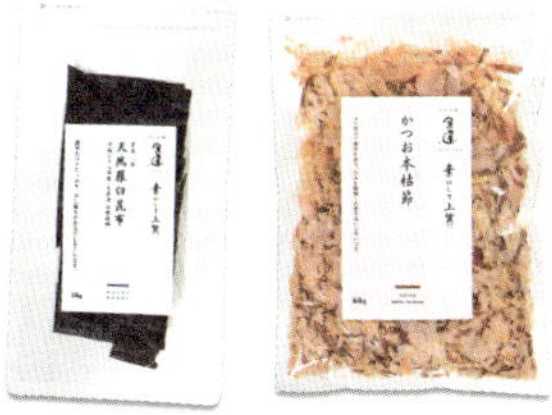

昆布とかつお節

京都「だし工房 宗達」の本枯節、天然羅臼昆布を使っています。このお店ではだしの取り方を教えてもらえたり、だしの飲み比べもできます。

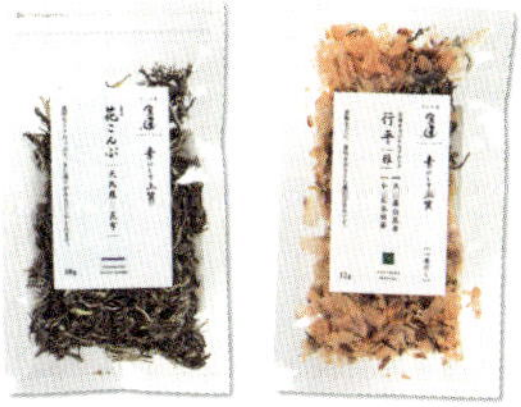

時間のないときに

「だし工房 宗達」の花こんぶはお湯にくぐらせれば昆布だしに。削り節と花こんぶのセットは沸騰したお湯に2分入れるだけでだしが取れます。

朝のお味噌汁を夜はアレンジ

お味噌汁は朝にたっぷり作っています。夜は朝のお味噌汁に違う味噌を足したり、具を1〜2点プラスしてアレンジしています。

朝

朝は野菜やきのこを使ってやさしい味にします。
豚汁や粕汁など具だくさんのときは大きな鍋で作ります。

大根と油揚げのお味噌汁

・大根
・油揚げ
・長ねぎ

きのこのお味噌汁

・エリンギ
・しめじ
・えのき

小松菜と油揚げのお味噌汁

・小松菜
・油揚げ

冷蔵庫にはいつも３～４種類のお味噌が入っています。写真は京都大原の一年味噌、二年味噌、三年味噌と奈良「くるみの木」の麦味噌。少なくなると容器に入れてひとつにまとめます。

夜　夜は具を加えて朝よりもちょっと豪華にします。
朝と違う味噌で味を調え、飽きないように工夫します。

大根と油揚げと豆腐のお味噌汁

豆腐をプラスして朝と違う味噌を加えて味を調え、刻んだ長ねぎと大根の葉（ゆでたもの）をのせる。

きのこと厚揚げと卵のお味噌汁

厚揚げ、溶き卵をプラスして朝と違う味噌を加えて味を調え、刻んだ長ねぎをのせる。

小松菜と油揚げと豚肉のお味噌汁

豚肉をプラスして朝と違う味噌を加えて味を調え、刻んだ長ねぎをのせる。

うどんが主役の日

うどんが好きな家族なので、晩ごはんや休日のお昼ごはんなど出番がとても多いです。釜玉うどんやカレーうどんにしたり、薬味をたくさん用意してそばといっしょに出したりと、意外といろんな食べ方がたのしめるし、天ぷらやおにぎりを添えれば十分お腹いっぱいになります。よく冷えたうどんは口当たりがよく、夏は毎日でも食べたがるから、冷凍うどんは必ずストック。オクラやとろろなどのネバネバシリーズも冷凍庫に常備しています。

釜玉うどん

丼にゆでたうどんと生卵、刻んだねぎを入れて専用のしょうゆをたらし、からめて食べます。おかずにはちくわやごぼうの天ぷらを作るのが我が家の定番。

カレーうどん

カレーうどんには、ちくわの天ぷらを入れ、とろけるチーズや納豆などをトッピングするのが好きです。ねぎはシャキシャキしておいしいのでたっぷり入れます。

大好きなせいろ蒸し

野菜やお肉を蒸したり、シュウマイや蒸し餃子を作ったり、せいろ蒸しはとっても好きな料理です。京都の観光地で食べ歩きできる牛肉しぐれが入った肉まんがすごくおいしくて、私も常備菜を具にしてときどき作ります。

　食材を並べたり、蒸し上がるのを待つのもたのしい時間。開けた瞬間のふわっと出る湯気も幸せで、家族のみんなも「わぁー」と声を上げ、すごくうれしそう。せいろを使うと、家族団らんの時間も自然と生まれます。

肉まん

〈材料（作りやすい分量）と作り方〉

強力粉 200g、ベーキングパウダー 5g、砂糖大さじ 1、塩・サラダ油・ドライイースト各小さじ 1、水 110ml を混ぜてよくこね、1.5 倍くらいになるまで発酵させる。6 等分にして丸め、10 分ほどおいて牛肉（左記）を包む。再び 1.5 倍くらいになるまで発酵させたら、せいろに入れて強火で 20 分ほど蒸す。

牛肉とごぼうのしょうが煮

〈材料（作りやすい分量）と作り方〉

鍋にサラダ油少々を熱して牛肉切り落とし 250g を炒め、色が変わったらごぼう（ささがきにする）1/2 本、おろししょうが小さじ 1、砂糖・しょうゆ・酒各大さじ 1 と 1/2 を加え、汁気がなくなるまで炒め煮にする。

冷凍ごはん

冷凍しておいたごはんを食べるときは、せいろで蒸して解凍します。カチカチのごはんが、ほわほわに蒸し上がり、まるで炊きたてのようにおいしいです。

蒸し野菜

蒸し野菜はヘルシーでとってもおいしいです。色とりどりの野菜やきのこ、おいもを詰め、ゆずポンズであっさり食べます。蒸し野菜を食べた日は体も喜んでいる気がします。

せいろは横浜中華街の「照宝」のもの。私が使っているのは21cmのものを2段。有次の段付鍋にぴったりのサイズを選びました。

せいろに使っているのは奈良「中川政七商店」の花ふきん。蚊帳生地ならではの通気性がよく、何度も洗って使い続けるとやさしい肌触りに。

1度作れば2度おいしい リメイク料理

家族が好きな肉じゃがやカレーなどは、大きな鍋で何日か分をたっぷり作ります。2回めは味を変えたりしてリメイクをたのしみます。

肉じゃがを作った翌日は、カレー粉とだし汁を少し入れてカレー風味にリメイク。子どもたちは「どっちもおいしい！」って言ってくれるから、肉じゃがは必ず２日分を作っています。

リメイク

ポテトサラダ

ポテトサラダは、家族が好きなのでたっぷり作っています。サラダでたのしんだあとは、丸めて衣をつけ、油で揚げてコロッケに。ふんわり柔らかくてソースとの相性もよく、子どもたちに大人気です。

リメイク

コロッケ

カレー

カレーは大きな鍋に何日か食べられるようにたっぷり作ります。余ったカレーにベーコン、なす、トマトを入れてだし汁を足し、ゆでたパスタとからめてカレーパスタにリメイクします。

リメイク

カレーパスタ

5

子どもと台所しごと

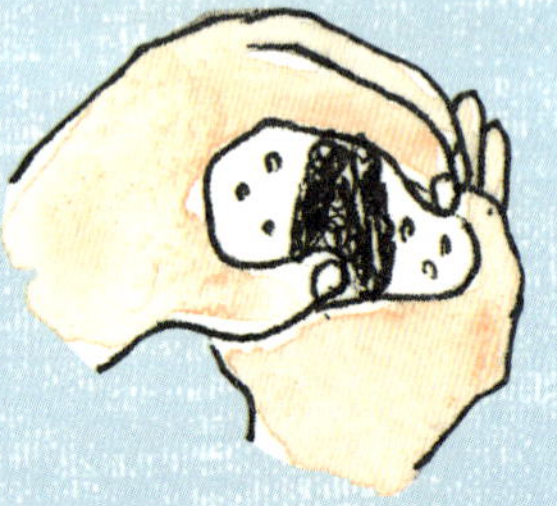

料理は子どもとコミュニケーションを取るのにぴったりやと思います。
いっしょに台所に立つと、自然と親子の会話がはずみます。
ごはんの前にテーブルをふいたり、お皿を並べたり、お茶をいれたり、
小さな頃に教えたお手伝いは、今でも習慣になっています。
「自分のことは自分でする」が我が家の決まりごと。
おかわりをよそう、食べ終わった食器を流しに運ぶのも各自でやります。

子育てで大切にしていること

3人の子どもたちはあっという間に大きくなり、同じ屋根の下で暮らしていても、それぞれの大切な時間があります。それが寂しいなぁと思ったこともあるけれど、重いと思われる愛情はかけたらあかん。手をかけず、信じる子育てを。そんなふうに心がけて、子どもの成長に合わせた関わり方を大事にしています。小さな頃のようにぎゅっと抱きしめたり、大好きって言葉が言えなくなった分、おいしいごはんを作る、お弁当に好きなもんを詰める、パンを焼く、夜食のおやつを作る、元気におはようを伝える、いってらっしゃいとドアの外まで見送る、小さなことでも「ありがとう」を伝える、たわいもない会話をする、目を合わすことを大事にする。そんな日常のささいな行動で、「あなたが大切」と伝えて心をつないでいる気がします。三男はまだ小学生やから、外に出かけたり、台所でパンを作ったり、いっしょに過ごす時間をたのしんでいますが、長男と二男との時間は少なくなったので、家族みんなでごはんを食べることを、今はとても大切にしています。

習慣になる小さなお手伝い

ごはんの前の準備とあとかたづけは、子どもたちの仕事です。ちょっとしたことやけど、小さな頃に教えたこのお手伝いは今でも習慣になっています。ごはんの時間になると、三男が「お兄ちゃんごは～ん」と呼びかけ、それぞれの部屋から降りてきます。3人が自然な流れで自分のやることを見つけて動き、グズグズしていたらお兄ちゃんが注意してくれるから、私はほとんど口出ししません。お手伝いから兄弟の絆や学びが、自然と生まれているようです。

テーブルに並べる

テーブルにお茶碗やお箸、小皿を並べ、コップにお茶を入れたり、台所からおかずやお味噌汁を運んだりします。運ぶときはお盆にのせ、音は立てずに丁寧に置くこと。一番最初に置くのは、お父さんのごはん。この2つは私が教えた決めごとです。

冷蔵庫にしまう

食卓に出したソースやマヨネーズ、ドレッシング、常備菜や佃煮、梅干しなどは、子どもたちが冷蔵庫にしまいます。出したものはかたづけるということを、お手伝いを通して知ってほしいなぁと思い、やらせたのがはじまりでした。

自分のことは自分でする

自分が食べた食器は、各自が台所に持って行く。そうすることで感謝の気持ちや「ごちそうさま」の気持ちを私に伝えようと、パパが決めたことです。ごはんやお味噌汁のおかわりも各自でやります。ほんまは私が入れてあげたいけど、自分のことは自分でする。これが我が家の決まりごとです。

ふきんは毎晩石鹸で手洗いし、週末は漂白剤に浸けています（p.59）。洗ったものはたたんでかごに入れ、すぐ使えるようにカウンターへ。びわこふきん（p.57）を愛用しています。

ふきんがいつでもスタンバイ

ごはんの前と食べ終わったあとに、子どもたちがテーブルをふきます。だから、カウンターには真っ白できれいなふきんをいつも用意しています。汚いとさわるのも嫌になり、お手伝いも嫌いになってしまいます。毎日使うものやからこそ、ふんわりと肌触りがよく、気持ちがいいのが一番です。

子どもと台所に立つ

子どもといっしょに台所に立つのは、とてもたのしい時間です。子どもには必ずお手伝いをしたい年頃があるから、なるべくやりたいことをやらせてあげるようにしていました。何かを混ぜたり、豆腐を切ったり、簡単な調理は積極的にお願いしていました。

今は長男や二男といっしょに台所に立つことはなくなったけど、三男は進んで手伝ってくれます。とくに自分が作ったおにぎりを家族のみんなに食べてもらうのが、すごくうれしいようです。

子どもはパンの成形など形を作るのがたのしいようです。ときどき休日になると、三男といっしょにパン作りをします。私のエプロンを貸してあげると、やる気まんまんで、どんどん手伝ってくれます。横に並んで作業していると、学校の話を聞かせてくれて会話がはずみ、たのしい親子の時間が過ごせます。ブルーのミトンは三男専用のもの。

親子でたのしむ ミニパーティー

ホットプレートやたこ焼き器、鍋などを使って
ときどきおうちの中でパーティーをします。
外食をしなくても特別な気分が味わえます。

鍋で蒸し野菜

真ん中にカマンベールチーズをのせ、子どもたちの大好きなウインナーとたっぷりの野菜を入れて蒸します。ふたを開ける瞬間がうれしくてたまりません。

ホットプレートで焼きそば

焼きそばはなぜか決まってパパが作ります。中華そばを使い（全部で８玉！）、豚肉とキャベツやもやしを入れて豪快に作ってくれます。

手巻き寿司大会

年に1度、パパの誕生日に手巻き寿司大会をするのが恒例です。いろいろなお造りを買い、卵を焼き、納豆やハム、野菜を準備。酢めしをテーブルの真ん中に置き、それぞれ自分の好きなものをのりで巻きます。「この組み合わせあり？」なんて言い合うのもたのしい時間です。

たこ焼きパーティー

たこ焼きの日は、みんなのテンションがマックスに上がります。30個焼けるので、家族5人で6個ずつ分け、各自が好きな具を入れます。たこ焼き棒でくるくるとひっくり返しながら自分で焼くたこ焼きは最高です。

子どもといっしょに外ごはん

ぽかぽかとあったかい休日には、お弁当を持って公園に出かけたり、ウッドデッキのテーブルでごはんを食べることがあります。焼きたてのパンを並べ、ピッチャーにたっぷり飲み物を入れてピクニック気分です。おひさまの下で食べると気持ちがよく、いつもよりおいしく感じられてうれしくなります。子どもたちもどんどん大きくなり、家族そろって出かけることはできひんようになったけど、ウッドデッキならお兄ちゃんたちも付き合ってくれます。

マスキングテープをつまようじに貼って簡単に旗を作ります。キャラ弁みたいな手の込んだもんは作れへんけど、少しかわいいお弁当を目指します。

かごバッグにお茶とサンドイッチを詰めて、ときどき車で大きな公園に出かけます。体をいっぱい動かしたあとは、休憩しながらお昼ごはんにします。

休日はうれしくなるようなものを作りたいから、パンケーキを焼くことも。ウッドデッキのテーブルにオレンジジュースやサラダ、そしてお花もいっしょに並べます。

6

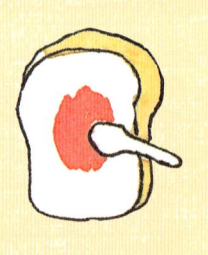

うれしい
手作りパンとお菓子

家族に喜んでもらいたくてはじめたパン作りとお菓子作り。
焼きたてのパンが食卓にあるだけで幸せな気持ちになります。
ジャムやディップも手作りすると、パンを食べるたのしみが増えます。
ころんとかわいいマドレーヌは、お気に入りの焼き菓子。
いつでも子どもたちが食べられるように瓶に入れています。
とうもろこしや焼きいもなどの野菜も、うれしいおやつになります。

家族のための背伸びしない手作り

パンやお菓子作りは独学ではじめたから、失敗も多いです。かっこいいパンは焼けへんし、きれいなデコレーションもできひんけど、子どもたちが学校に行っている間に焼き菓子を焼いて夜食に出したり、時間がある日はなるべく何か作るようにしています。休みの日はどこにも連れて行ってあげられへんことが多いから、そんなときでも何かたのしいことをしてあげたいなぁと思い、お昼ごはんにパンを焼き、焼きたてのパンとサラダやスープをテーブルいっぱいに並べます。長男や二男はお昼から遊びやバイトに行ったりすることが多いから、兄弟三人がそろうチャンスなのです。残念ながらパパは仕事でいないけど、パンの切れ端をひとつラップに包んでおすそわけ。

私のたのしみは、いつも家族が喜んでくれること。パンやお菓子作りは、そんな想いにぴったりな気がします。最近は下手でも背伸びはせず、自分のできる範囲でいいと思えるようになりました。心を込めて作るパンやお菓子は、きっと子どもたちの心に響いていると信じています。

Baked

うれしい食パンの日

いろんなパンを作りますが、家族のみんなが一番好きなのは、やっぱり食パン。焼きたても、その次の日もふわふわでおいしいし、バターやはちみつをたっぷり塗ったり、サンドイッチにしたり、ピザトーストにしたり…いろいろな味でたのしめるのもうれしいです。

トーストにするときは、京都「辻和金網」の手付焼き網を使って焼きます。これで焼くと外はパリッと、中はもっちりしておいしくて、小さな四角がいっぱいの網の焼き色もかわいくて大好きです。

（左上から時計回りに）**〈バターとはちみつ〉**　焼きたての食パンにたっぷりバターを塗って、上からはちみつもたっぷり塗ります。**〈しゃけとのりのマヨトースト〉**　食パンに細かくちぎった焼きのり、ほぐしたしゃけを順にたっぷりのせ、マヨネーズをかけてトースターで焼きます。**〈バターとあんこ〉**　焼きたての食パンにたっぷりバターを塗り、上からあんこを塗ります。さらにホイップクリームをのせることもあります。**〈れんこんの豚バラ煮のピザトースト〉**　食パンに常備菜のれんこんの豚バラ煮、とろけるチーズをのせ、煎りごまをかけてトースターで焼きます。家族に大人気のピザト[illegible]ストです。

京都西陣のはちみつ専門店「ドラ[illegible]」の白いはちみつ。クリーミーで練乳のような味わいがパンによく合います。

パンに塗るときに使うお気に入りのバターナイフとスプーン。「ダルトン」のバターナイフ（左）は立てて置くことができて便利です。

我が家のおかずパン、おやつパン

スープやサラダとよく合うおかずパンと、幸せな気持ちになる甘いおやつパン。我が家で人気のメニューをいくつかご紹介します。

シンプルパン

材料（直径約 10cm 6 個分）
強力粉（春よ恋）200g　砂糖大さじ 1/2　塩・ドライイースト各小さじ 1/2　水 130ml

作り方

1　ボウルにすべての材料を入れて混ぜ、べたつきがなくなったら台に出す。押しつけるように両手でのばし、ツヤが出るまで 10 分ほどこねる。表面を張らせるようにして丸め、ボウルにもどしてラップをし、暖かい場所に置いて 1 次発酵させる。

2　2 倍くらいにふくらんだら生地を 6 等分にし、表面を張らせて丸め（丸めた順にかたく絞ったふきんをかぶせておく）、最終発酵をさせる。

3　2 倍くらいにふくらんだら、強力粉適量（分量外）を茶こしでふり、ぬらしたナイフで中央に切り込みを入れ、小さく切ったバター（分量外）をはさみ、220℃に温めたオーブンで 15 分焼く。

＊白パンは 1 次発酵後、6 等分して 10 分ほどおく。生地の中央に菜箸をころがして溝を作り、両端をつまんで突起を作る（順に天板にのせ、かたく絞ったふきんをかぶせる）。2 倍にふくらむまでおき、160℃で 15 分焼く。

ウインナーパイ

材料（10 個分）
冷凍パイシート 1 袋（5 枚）　あらびきウインナー 10 本

作り方

1　パイ生地は 5 分ほどおいて包丁で長さ 8cm（ウインナーを見せたい場合）か 10cm（ウインナーを包み込む場合）に切る。

2　ウインナーをパイ生地にのせて折りたたむ。包丁で何本か切り込みを入れ、卵黄少々（分量外）を塗って 210℃に温めたオーブンで 8 分焼き、190℃に下げて 8 分焼く。

＊パイ生地は 5 分以上おくと柔らかくなってしまい、逆にかたすぎると包むときにヒビが入るので注意。

チーズペッパーベーグル

材料（直径約 10cm 4 個分）

A〈強力粉（春よ恋）250g　ドライイースト小さじ 1/2　塩小さじ 1　はちみつ 15g　水 120ml〉
とろけるチーズ・黒こしょう各適量

作り方

1　ボウルに A を入れてしっかりこね、4 等分にして丸め、閉じ目を下にする（丸めた順にかたく絞ったふきんをかぶせる)。15 分おく。

2　閉じ目を上にして生地を広げ、奥から手前に向かって巻いて閉じる。両手で生地をころがして約 20cm 長さの棒状にする。片端を押して平らにし、もう一方の端にかぶせてリング状にし、つなぎ目を閉じる。2 倍にふくらむまで発酵させる。

3　2 リットルの湯を沸かし、はちみつ大さじ 1（分量外）を加え、2 を両面 30 秒ずつゆでる（ブクブク沸騰させず、静かに沸いた状態で）。

4　天板に並べてチーズをのせ、黒こしょうをふり、200℃に温めたオーブンで 20 分焼く。

りんごパン

材料（18cm のスクエア型 1 台分）

A〈強力粉（スーパーカメリヤ）200g　砂糖大さじ 1　塩・ドライイースト各小さじ 1/2　食塩不使用バター 20g　牛乳 140ml　お好みでシナモン適量〉　りんご煮〈りんご 1 個　グラニュー糖 50g〉
B〈粉糖 50g　水小さじ 1 弱〉

作り方

1　ボウルに A を入れて混ぜ、べたつきがなくなったら台に出す。押しつけるように両手でのばし、ツヤが出るまで 10 分ほどこねる。表面を張らせるようにして丸め、ボウルにもどしてラップをし、暖かい場所に置いて 1 次発酵させる。

2　2 倍くらいにふくらんだら生地を 9 等分にし、りんご煮（下記）を包みながら表面を張らせて丸め、型に並べて（かたく絞ったふきんをかぶせる）最終発酵をさせる。

3　2 倍にふくらんだら、180℃に温めたオーブンで 20 分焼く。冷めたら混ぜた B をかける。

＊りんご煮…りんごは皮をむいて小さく切る。グラニュー糖を鍋に入れて弱火で溶かし、りんごを加え、混ぜながら水分がなくなるまで煮る。

瓶に詰める小さな焼き菓子

マドレーヌは、焼きたてでも時間をおいてもおいしくて、子どもたちも大好きなのでよく作る焼き菓子です。シェルの形もかわいくて、いくつか持ってる型の中からそのときの気分で選んでいます。

焼けたマドレーヌは、子どもたちが好きなときに食べられるように、1つずつラップに包み、瓶に入れてリビングのカップボードに置いています。いつでも手作りお菓子があるおうちは憧れやったから、そんなお母さんになりたくてはじめたことです。

マドレーヌ

材料（6.5cm のマドレーヌ型 約 13 個分）

A ｜ 米粉（リ・ファリーヌ） 60g
　 ｜ ベーキングパウダー 1g

卵 1個

グラニュー糖 40g

レモンの皮のすりおろし 1/6 個分

B ｜ はちみつ 15g
　 ｜ 食塩不使用バター 60g

バニラビーンズ 1/6 本

作り方

1 バニラビーンズは縦に切り込みを入れ、種をこそげ取る。B は湯せんで溶かす。ボウルに A をふるい入れ、グラニュー糖、レモンの皮を加えて混ぜ、溶き卵を少しずつ加えてしっかり混ぜる。B、バニラビーンズも混ぜ、冷蔵庫で 1 時間以上休ませる。

2 1 のバニラビーンズのさやを取り出し、絞り袋に入れて型に絞り出す。190℃に温めたオーブンで 12 分焼き、型から出し、網にのせて冷ます（常温で 3 日ほど保存可能）。

体にやさしい野菜のおやつ

甘くておいしいとうもろこしは、子どもの頃に母がよく蒸してくれていた思い出の味。私も子どもたちも大好きでおやつによく出します。大きなじゃがいもを見つけた日は、じゃがバターに決まり！　せいろで蒸したら十字に切り込みを入れてバターをたっぷりのせ、塩を少しふって食べます。

石焼きいも専用の黒ホイルを使うと、短時間でおいしい焼きいもが作れます。さつまいもを包んで1000Wのオーブントースターで20分ほど焼きます。甘くてとろ〜りとしたクリーミーな安納いもが大好き。焼きたてはもちろん、冷めてもおいしいです。

明太子ディップ

〈材料（作りやすい分量）と作り方〉

1　じゃがいも2個（200g）は皮をむいて柔らかくなるまでゆで、熱いうちにつぶす。

2　マヨネーズ大さじ2と塩・こしょう・砂糖各少々を加えて混ぜ、冷めたら明太子40gをほぐして加え、混ぜ合わせる（3日以内に食べきる）。

ゆずジャム

〈材料（作りやすい分量）と作り方〉

1　ゆず6個（700g）は横半分に切って種を除き、果汁を絞る（冷蔵庫へ）。果肉をスプーンでかき出して鍋に入れ、水450ml、グラニュー糖150gを加え、弱火で20分ほど煮る。裏ごしして粗熱を取る（冷蔵庫へ）。

2　鍋にゆずの皮とたっぷりの水を入れ、中火で40分ほど煮る。流水にさらし、一晩水に浸す（途中何度か水を替える）。水気をきり、2～3cm長さの薄切りにする。

3　1の果肉と2の皮、グラニュー糖150g、水あめ50gを鍋に入れ、弱火で20分ほど煮る。1の果汁を加え、さらに15分煮る（冷蔵庫で1ヶ月ほど保存可能）。

パンのおともにジャムとディップ

ジャムを作るのが好きで、時間を見つけて季節の果物をコトコト煮込んで瓶に詰めます。おいしいジャムができあがったら、パンを焼くのもたのしみになります。休日は手作りのパンとジャムでお昼ごはん。最近はディップを作り、シンプルなパンにつけて食べるのもお気に入りです。

ホーローバットを使って

オーブンにも入れられるホーローバットは、お菓子を作るときの型としても活躍します。パンを焼いてもかわいく出来上がりました。

パン

材料（琺瑯容器１台分）

強力粉（春よ恋）300g　砂糖大さじ１　塩・ドライイースト各小さじ１弱　水195ml

作り方

1　ボウルにすべての材料を入れて混ぜ、べたつきがなくなったら台に出す。押しつけるように両手でのばし、ツヤが出るまで10分ほどこねる。表面を張らせるようにして丸め、ボウルにもどしてラップをし、暖かい場所に置いて１次発酵させる。

2　２倍くらいにふくらんだら生地を４等分に分け、表面を張らせて丸め、容器に入れて（丸めた順にかたく絞ったふきんをかぶせておく）最終発酵をさせる。

3　２倍くらいにふくらんだら、170℃に温めたオーブンで25分焼く。

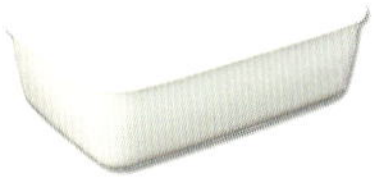

野田琺瑯のレクタングル深型Ｌ（22.8cm×15.5cm×6.8cm）を使っています。

ティラミス

材料（琺瑯容器1台分）
スポンジ生地（下記。容器の大きさに切ったもの）2枚　A〈卵黄2個分　グラニュー糖40g〉　マスカルポーネチーズ250g　ラム酒大さじ1　B〈卵白2個分　グラニュー糖40g〉　C〈グラニュー糖60g　水200ml〉　インスタントコーヒー10g　ココアパウダー適量

作り方

1　鍋にCを入れて混ぜながら火にかけ、沸騰したら火を止め、コーヒーを加えて溶かす。

2　ボウルにAを入れ、白っぽくなるまで泡立て器で混ぜ、柔らかくほぐしたマスカルポーネ、ラム酒を加えて混ぜ合わせる。

3　別のボウルにBを入れ、短い角が立つくらいまで泡立て器で混ぜ、しっかりとしたメレンゲを作る。

4　2に3のメレンゲを3回に分けて加え、そのつどゴムべらで混ぜ合わせる。

5　琺瑯容器にスポンジを1枚敷き、1を刷毛でたっぷり塗る。4の半量を流し入れ、もう1枚のスポンジを重ねる。再び1を塗り、残りの4を流し入れる。冷蔵庫で冷やし、食べる直前にココアパウダーを茶こしでたっぷりふりかける。

スポンジ生地の材料（29cm角の天板1枚分）と作り方
ボウルに卵黄5個分、砂糖20gを入れ、白っぽくなるまで泡立て器で混ぜる（A）。別のボウルに卵白5個分、砂糖60gを入れ、しっかり角が立つまで泡立ててメレンゲを作る（B）。BにAを加えて混ぜ合わせ、薄力粉40gをふるい入れ、ゴムべらでツヤが出るまでしっかり混ぜる。湯せんで溶かした食塩不使用バター40gを加え、均一になるまで混ぜる。オーブンペーパーを敷いた天板に流し入れ、190℃に温めたオーブンで12分焼く。

プリン

材料（琺瑯容器1台分）
卵5個　卵黄5個分　牛乳3と3/4カップ　グラニュー糖185g　バニラビーンズ1本　カラメルソース〈グラニュー糖250g　水85ml〉

作り方

1　カラメルソースを作る。鍋にグラニュー糖と水を入れて中火にかけ、少し色がついたら弱火でカラメル色になるまで1〜2分加熱し、容器に入れる。

2　バニラビーンズは縦に切り込みを入れ、種をこそげ取る。鍋に牛乳とグラニュー糖、バニラビーンズのさやと種を入れて火にかけ、沸騰させないようにグラニュー糖を溶かし、火を止める。

3　ボウルに卵と卵黄を入れて溶きほぐし、2を少しずつ泡立て器で混ぜながら加える。別のボウルにこしながら入れ、再度こしながら1の容器に流し入れる。

4　バットにふきんを敷いて3を入れ、天板にのせてバットに熱湯を注ぐ（容器の高さの半分くらいまで）。150℃に温めたオーブンで30分、140℃に下げてさらに30分焼く。粗熱が取れたら冷蔵庫で冷やす。

7

たのしい
器選びと盛りつけ

毎日、料理に合わせてちゃんと器を選ぶようにしています。
我が家では子ども用、大人用、ごはん用、お味噌汁用などと決めずに、
ひとつの器をいろんな使い方でたのしんでいます。
残り物でもワンプレートにちょっとずつ盛りつけたらおいしそうに見えます。
お盆に並べたり、箸置きを使ったり、食卓にお花を飾ったり、
そんな少しのことでごはんを食べるのがたのしくなります。

器をちゃんと選ぶと、残り物もごちそうに

器が好きなのは子どもの頃からで、母が料理をすると、食器棚から器を選んで渡すのがとってもたのしみなお手伝いでした。ときどき勝手に器を整理して並び替えたりもしていたけど、母は何も言わんと自由にさわらせてくれました。そんな母がいたから、今も同じように器をさわることが好きで、器を選ぶことがたのしいのかもしれません。

我が家の器は、白やベージュなど派手すぎひんものを中心に、ワンプレートに盛りつけるのが好きやから平皿も多いです。器を選ぶときは、食べ物の色に合わせて白がいいか、ベージュがいいか、黒がいいかなどを考え、煮物は立ち上がりのある器に少なめに盛ったり、炒め物はドカーンとたくさん盛りつけたり、料理がおいしく見えるように盛り方もそのつど変えます。バタバタして適当に器を選んでしまった日は、なんだか料理まで手抜きしたような気持ちになって、器もかわいそうです。だから、食事のたびにちゃんと選ばんとあかんなぁって思います。

大人も子どもも同じ器

我が家の器は、誰かのものという決まりがありません。昨日パパが使っていたお茶碗を、今日は三男が使ったり、私のお気に入りのお茶碗を、お兄ちゃんたちが使ったり、大人用も子ども用もなく、その日のお腹の空き具合によって大きさを決めたりして、同じ器を代わりばんこで使います。いいもんはみんなにも使ってもらいたいし、その方が料理によって自由に選べるので毎日新鮮な気持ちでいられるように思います。

村上直子さんのmoegiのごはん茶碗

大きすぎず、小さすぎず、持ちやすいです。ところどころにある焦げ目もよい感じでやさしい温もりがあります。ごはんやお味噌汁をよそうことが多いです。

伊藤豊さんのお茶碗

真っ黒の器は渋めでかっこいいです。少しさびたアンティークな感じもあって、一本一本手作業のしのぎも素敵です。ごはんやスープをよそいます。

小塚晋哉さんの
胡桃《くるみ》のプレート

ワンプレートで盛りつけるのによく使います。温もりのある手作業の彫り跡が大好き。トーストしたてのパンをのせても裏がふやけず、サクサクのままです。

高木剛さんの鉢

煮物を作ったときに必ず使います。ふちの刷毛目の表情と土の温もりで食卓の雰囲気もあったかくなります。煮物以外に麻婆豆腐やロールキャベツなどにも使っています。

村上直子さんの
shiro moegi 豆ボウル

楕円の形がやさしい雰囲気。ちょうどよい幅と深さでとても使いやすい器です。煮物やサラダ、おひたしなど何にでも合うので出番がすごく多いです。

岡崎順子さんのプレート

白と茶色の２色使いと水玉模様がお気に入り。食卓の雰囲気がかわいくなります。常備菜などをワンプレートで盛りつけたり、オムライスに使ったりします。

ひとつの器をいろんな使い方で

お茶碗にサラダやスープを盛りつけたり、マグカップにデザートを盛ったり、器の使い方をひとつに決めず、自由に盛りつけます。

外が白、中が黒の谷井直利さんのお茶碗。少し大きめでたっぷり入るので、ごはん以外にも使いやすいです。

ごはんに

一番よく使うのはお茶碗として。16 穀米のような色のついたごはんも映えます。大きめなので、丼やうどんなどにも使っています。

サラダに

中が黒いので緑や赤の野菜を盛るとよく映えます。せん切りキャベツ、ポテトサラダやマカロニサラダなどを入れ、小鉢代わりに使っています。

スープに

ミネストローネやかぼちゃのスープ、白いシチューなどに。豚汁や肉団子など具だくさんのお味噌汁のほか、肉じゃがや筑前煮などの煮物を盛ることも。

叶谷真一郎さんのマグカップ。しのぎ部分の焼け具合に一目惚れ。

ミニサラダに

プチトマトやキャベツなどちょっと野菜を添えるのに便利です。

お味噌汁に

ワンプレートに盛りつけるときはカップにお味噌汁を入れます。

パフェに

スポンジ生地を底に入れてクリームやフルーツを飾ることも。

村上直子さんの小鉢。てびねりで作られたころんと丸い形が大好き。

副菜に

酢の物や納豆などちょっとしたものでもおいしそうに見えます。

フルーツに

いちごにたっぷり練乳をかけて。ケーキやアイスを盛ることも。

煮物に

晩ごはんの余りや常備菜の煮物を盛って朝やお昼に出します。

小物を使って うれしい食卓

クロスはランチョンマットとして使ったり、お盆に敷いたりします。ちょっとかしこまった雰囲気になり、食べるときの気持ちも変わります。もちろんそのままテーブルに並べることもあるけど、少しでも小物があるとうれしい気持ちになるから、箸置きやコースターは使うようにしています。

コースター

おうちの形のものはブログ名にちなんで友人が作ってくれたもの。赤いボーダーは友人の手作り、藍色は自分で作ったもので、どちらもリバーシブルです。

箸置き

（左上から時計回りに）岡崎順子さんの水玉柄のポット、村上直子さんの細長いおうち、くるんと曲がった形がかわいい食パン、ブログをはじめた頃に買った水玉のおうち、飯野夏実さんのピアノ、長男と二男が選んでくれたクローバー。買う数は、そのときの気分で決めます。

お花を飾って元気をもらう

台所に立つのは毎日のことやからカウンターにはお花を飾るようにしています。台所しごとをしていると、いつも目に入るから、せかせかした気持ちが和らいで元気をもらえます。休日のお昼ごはんなどには、テーブルにもお花を飾ります。少しのことやけど、食卓がとても明るくなるんです。

大人弁当、子ども弁当

お弁当作りは好きやけど、いまだにどうやって詰めようか悩むことも多いです。でもふたを開けたときに「今日もおいしそう」って思ってもらえるように、自分なりの工夫をしながら丁寧に詰めています。おかずは常備菜や晩ごはんの残り物を中心に、カップなどの仕切りは使わず、隙間なく詰めるようにしています。毎朝パパの分と子どもの分を同時に準備して、三男用にはごはんの上にほっこりするような顔の飾りつけをするのがたのしみです。

ごはんを詰めてフリルレタスなどの葉ものを敷きます。メインのおかずを入れてゆで卵の位置を決め、隙間に入るだけの常備菜を詰めます。

お弁当を包む布は、柔らかくて包みやすく、派手すぎないシンプルなものを選んでいます。

ごはんに黒や茶色の常備菜をのせて髪の毛にし、目や口はのりやひじきで作ります。パンチで丸く抜いたハムや梅干しなどを最後にのせて赤いほっぺに。

切り抜きには、穴あけパンチを愛用。のりなどを抜けば、いろいろな表情の顔が作れてとても便利です。

ワンプレートに盛りつけ

何でもワンプレートに盛りつけるのが好きです。いろいろな種類をちょっとずつたくさん食べられるし、洗い物がラクなのもうれしいです。

お寿司のプレート

四角い木のプレートにトマトとアボカドを使ったごまたっぷりのお寿司を盛りました。いっしょにお茶や豆皿に入れたしょうゆ、お箸も並べたら、かしこまった雰囲気になります。

おやつのプレート

細長いカッティングボードに、いろいろな形のクッキーを並べます。袋から直接食べるよりも、こうして盛りつけてお茶といっしょにゆっくり食べると、ぜいたくな気持ちになります。

パンとおかずプレート

木のプレートに手作りのウインナーパイ（p.102）とサラダを盛ります。カップに注いだポタージュスープを添え、豆皿に常備菜や小さく切った冷や奴を盛り、大満足の一皿になりました。

食パンのプレート

オムライスやカレーライスなどに使う大きなプレートに食パンをのせ、サラダや常備菜をいっしょに。小さなカップにスープを注いで添えました。

ごはんのプレート

お弁当の残りを集めて作った私の朝ごはんです。おかずをちょこちょこ並べてごはんも丸く盛りつけ、マグカップに注いだお味噌汁を添えます。

運んだり、並べたり　お盆の使い道

お盆が好きで、丸や四角、木やアルミなどいろいろな種類を持っています。お盆はたくさんのものを一気に運ぶときにとても便利ですが、お茶ひとつでも丁寧にお盆にのせて出すように心がけています。そうすると、うれしいもんやと思うんです。

ひとりでごはんを食べるときには、お盆にごはんとお味噌汁、おかずを並べて食べます。残り物でも小さな器に少しずつ入れてお盆に並べると、なんだかうれしい気持ちになります。

大きめのお盆やから、いくつも器を並べてひとり分の朝ごはんをセット。こうしてきちんとごはんを食べると一日頑張ろうと思えます。

四角いお盆

古い木のお盆は、めずらしいのでお気に入りです。ずっしりとした存在感たっぷりです。

トレイに少しずつのせると、ちょっとカフェ気分のおやつ時間に。小さな器に焼き菓子をのせ、コースターを敷いてお茶を添えました。

木のトレイ

京都のカフェ「branche」で使われているもので店主さんが製作。お盆としても使います。

大きめの器をいくつも並べられるので、しっかり食べたいときに使います。こうやって出すと、子どもたちはうれしいようです。

アルミのプレート

給食で使われていたアルミのプレート。どこか懐かしい素朴な雰囲気がかわいいです。

おわりに

台所しごとのひとつひとつは、どれも小さなことですが、
ときどき負担に感じたり、しんどいと思うこともあります。
そういうときに無理をせんでもいいように、常備菜を作ったり、冷凍したり、
準備をしておくと、気持ちがラクになって、バタバタしなくてすみます。
家族のみんなが機嫌よく過ごせるように、そんな工夫をしながら、
これからも台所でいつもにっこり笑っていたいなぁと思います。
台所だけで一冊の本ができるのかとても心配でしたが、
ＫＡＤＯＫＡＷＡメディアファクトリーの石橋さん、そして編集の矢澤さんの
素敵なアイデアと、デザイナーの後藤さんのかわいいデザインにより、
とてもうれしい一冊が完成しました。ありがとうございました。
この本が完成するまでに、たくさんの方のお力があります。
いつもブログを見てくださっているみなさまや、身近な友人の力も大きいです。
そんなみなさまに心から感謝しています。
この本が、手にとってくださった方々のお気に入りの一冊になればうれしいです。
最後に、支えてくれた家族のみんなに、ありがとう。

アートディレクション　MARTY inc.
イラスト　YOSHiAKI
撮影　田中千恵、島本絵梨佳（切り抜き写真）
編集　矢澤純子
校正　麦秋アートセンター

「くりかえし」を楽しむ台所しごと

2015年4月17日　初版第1刷発行
2016年3月 8 日　　　第6刷発行

著　者　　田中千恵
発行者　　川金正法
発　行　　株式会社 KADOKAWA
〒102-8177　東京都千代田区富士見 2-13-3
tel 0570-002-301（カスタマーサポート・ナビダイヤル）
年末年始を除く平日 9:00 〜 17:00 まで
印刷・製本　図書印刷株式会社

ISBN 978-4-04-067600-5 C0077

http://www.kadokawa.co.jp/